De la Bibliothèque
de Justin GODART
Lyonnais

DISCOVRS

DE FEV

MONSIEVR

SORBIERE.

DISCOVRS

DE FEV

MONSIEVR

SORBIERE,

I. *De l'excez des Complimens &*
& de la Civilité.

II. *De la Critique.*

III. *Sur ce que l'on dit commune-*
ment, Que les Hommes ne
changent point.

IV. *De la Solitude.*

A LYON,

Chez François Larchier, au rendez-vous
des Singes, proche l'Hôpital.

M. DC. LXXV.

Avec Permission.

A MESSIRE
IAQVES
BELET,
CHEVALIER,

Conseiller du Roy, Tre-
sorier de France, &c.

 ONSIEVR,

Puisque l'honneur de vos
bonnes graces fait aujourd'huy

la partie la plus precieuse
de l'heritage que mon Pere
m'a laissé, je ne pouvois
moins faire, ce me semble,
que de Vous offrir à mon
tour quelques petits Ouvrages
de sa façon, & de Vous dé-
dier l'Impression de ces quatre Discours, comme un témoi-
gnage public de la tres - hum-
ble reconnoissance de son vni-
que heritier. Ce n'est pas,
MONSIEVR, que je
pretende m'acquitter par là
de tant de faveurs receuës,
ny de tant d'obligations que
j'ay de mon chef à vôtre
bonté toute genereuse & à
celle de MONSIEVR

Vôtre Frere. C'eſt ſeulement
pour les publier, & tout en-
ſemble pour faire honneur à
la memoire du Défunt en ap-
prenant au Monde que Vous
l'avez trouvé digne de tenir
autrefois ſa place dans ce
grand nombre d'Illuſtres Amis
que vôtre Vertu Vous a fait
de tous côteZ. En effet,
MONSIEVR, il y a
tant de gloire à avoir quelque part dans l'eſtime d'vn
Magiſtrat auſſi generalement
eſtimé que Vous eſtes, qu'on
ne ſçauroit me blâmer ſi je
veux en faire un titre d'Honneur pour mon Nom, & pour
ma Famille. Et quoy qu'en

cherchant ainſi mon propre
intereſt , je diminuë en ap-
parence le merite de l'Offran-
de , j'eſpere neanmoins que
Vous ne laiſſerez pas d'eſtre
ſatisfait de mon zele ; & de
cette paſſion reſpectueuſe avec
laquelle je veux être toute
ma vie,

MONSIEVR,

Vôtre tres-humble,tres
obeïſſant , & tres
obligé Serviteur

HENRY SORBIERE.

✿✿✿✿✿✿✿✿✿✿✿✿✿

PERMISSION.

IE n'empéche pour le Roy qu'il soit permis à FRANÇOIS LARCHIER d'imprimer le Livre intitulé, *Discours de feu Monsieur Sorbiere, &c.* Et que les deffences ordinaires luy soient accordées pour trois années. A Lyon le sixiéme Aoust, mil six cens septante cinq.

VAGINAY.

❀❀❀❀❀❀❀❀❀❀:❀❀❀❀❀❀❀❀❀

CONSENTEMENT.

SOit fait suivant les Con-
clusions du Procureur du
Roy , Les an & jour que
dessus.

DE SEVE.

DISCOVRS

PREMIER
DISCOVRS.

De l'excés des Complimens, &
de la Civilité.

ONSIEVR,

Je veux bien vous rendre raison de cette fecherefie de complimens, dans laquelle je m'apperçois que je tombe dépuis
que je fuis en Italie. Ie n'en ay
pas efté toûjours auffi fterile
qu'à prefent, & même quelques-uns m'ont accufé autres

A

fois d'en faire plus qu'il ne falloit. J'ay esté pourtãt assez mo-
deré là-dessus; & jamais je n'ay
donné des loüanges qui ne fuf-
sent un peu raisonnées, ny qui
fussent prises d'ailleurs que par
le bel endroit des personnes
dont je voulois gagner les bonnes graces. Il est vray que je
n'ay iamais eu une grande flui-
dité de paroles, & que j'ay toûjours tâché de ne point ouvrir
la bouche sans considerer auparavant ce que j'allois dire;
qui est une methode qu'il
ne faut pas prendre de trop
bonne heure, parce qu'effectivement elle émousse la
pointe de l'esprit, & arréte
cette volubilité de langue, qui
est ce qui paroit davantage
dans les Compagnies. Qui
pourroit joindre cette bonne
qualité avec le jugement, &

faire que ce torrent arrofat
les plaines fans les écorcher,
& fans abbatre les maifons,
il feroit fans doute d'un bel
efprit la plus aymable chofe
du Monde. Mais, bon Dieu,
Monfieur, que cela eft mal-
aifé, & que i'ay veu pafser de
fotifes, ou commettre d'info-
lences à quelques-uns de ceux
que l'on eftime beaux Efprits,
& qui gardent même leur
place parmi les honnêes
gens. Ils en font d'ordinaire
non à qui parlera le mieux,
mais le premier, le plus, &
le plus haut : de forte que
comme ils font fleche de tout
bois & prenent le premiere
chofe qu'ils rencontrent, il
leur arrive bien fouvent de
fe fervir des termes & de matieres fort contraires à la Civilité qu'ils veulent rendre.

Les preceptes du Galathée
font mal pratiqués ; & cependant ce font des rudimens
fans lefquels une perfonne
qui les ignore, ou qui ne s'en
fert pas, ne peut point eftre
nommée civile & agreable
parmi les gens d'efprit. Ils
égratignent les perfonnes
qu'ils veulent amadouër, ils
étouffent avec la fumée de
l'encens, & ils lavent avec de
l'encre les taches qu'ils ont
envie d'effacer. C'eft la judi-
cieufe maniere de la plûpart
de ces Civils à toute outrance,
de ces prodigues de complimens & de reverences, &
comme je m'apperçois de leurs
contradictions, je crains fi
fort d'y tomber, & qu'on ne
s'en aperçoive, que j'ay toutes les peines du monde à me
mettre dans ce hafard. Il

faut bien tâcher , Monfieur,
d'avoir toûjours le vifage gay
moderement , & eviter une
mine rebutante. Mais de ri-
re aux Anges , comme l'on
dit , & de traitter l'ami , l'en-
nemi, & la perfonne indiffe-
rente avec le même foûris,
& la même ouverture de vifage , c'eft ce qu'il eft bien
mal-aifé de faire , tandis que
le cœur & luy ont quelque
rapport : & je croy que ceux
qui ont obtenu cela de leur
bouche & de leurs yeux , ont
contracté une grande habitu-
de à n'aimer perfonne , & à
trahir tout le monde , qui
eft une pofture d'efprit lâche , & qui doit eftre dete-
ftée par tout homme d'honneur. Ie fçay bien que ceux
qui en ufent ainfi ne le font
pas fans quelque raifon , &

de même que l'avarice en a
pour toutes ses plus sordides
actions, le traître & le four-
be n'en manquent pas dans
la prodigalité de leurs fausses
civilités. Et c'est pour cela
que je veux peser vn peu sur
cette matiere, & recueillir icy
quelques - unes de mes ob-
servations.

J'ay souvent consideré ce
passage de la Sainte Ecriture,
qui dit que la pensée de l'homme n'est que mal en tout
temps, & ce dire ancien, que
l'homme est comme un loup
envers un autre homme dés
qu'il ne luy est pas comme
une Divinité. Et faisant refle-
xion sur ce que le Poëte Co-
mique a dit des femmes, que
si elles n'aiment point quelqu'vn, elles le haïssent infailliblement, j'ay crû que cela se

devoit dire de toute nôtre
espece, qui ne garde presque
point de mesure & qui pan-
che toûjours de l'un ou de
l'autre côté de la balance,
vers l'amour ou vers la haine
qui partagent nôtre ame, &
qui sont les deux maîtresses
passions, ou, pour ainsi dire,
les deux Poles sur lesquels
tournent toutes nos actions.
I'ay pris garde aussi que naturellement les hommes avoient
de la peine à se souffrir les
uns les autres, qu'ils n'osoient
pas se regarder fixement, &
que c'étoit pour cela que l'on
baissoit la veuë auprés de ceux
que l'on respecte. En effet
l'homme est un glorieux ani-
mal, & qui occupe volontiers
ce peu d'esprit qu'il a à cher-
cher les defauts de son compagnon. Or comme les yeux

font les fenêtres par où il
femble que l'on entre plus
facilement que par ailleurs
dans les pensées , l'ame fe
tient là fur fes gardes, & prend
l'allarme dés que quelqu'un
s'en approche & fe preffe un
peu trop pour y entrer. Dailleurs comme nous fentons nos
foibleffes,il nous fache qu'on
les veüille trop curieufement
reconnoître , & toûjours
nous foupçonnons qu'en nous
regardant   trop   attentivement on n'eft jamais long-
temps fans mal penfer de
nous. C'eft pourquoy il eft
fagement fait de détourner
la veuë de fur les yeux de
ceux qui nous regardent, &
dont nous voulons eftre ai-
més, de peur de nous laif-
fer furprendre en faute , ou
que nous ne faffions foup-

çonner que nous avons déja
derobé quelque chofe à leur
reputation.

Ce que je dis en cet en-
droit ne touche point les re-
gards des amans qui fe pene-
trent innocemment & dont
la fympathie, ou la haute
opinion qu'ils ont l'un de l'autre fait qu'il n'y a rien en eux
qui puiffe les offencer. Mais il
n'en eft pas de même de tous
les autres yeux qui ne s'en-
tregardent prefque point que
pour fyfe ndiquer ; & je me
fouviens d'auoir ouy racon-
ter afsés plaifamment à un
de mes amis, qu'eftant à la
queuë de cinq ou fix litieres
qui alloient de concert à nôtre Dame de Lorette, tout
le convoy fut obligé de mettre pied à terre pour feparer
deux fœurs qui s'eftoient pri-

ſes aux cheveux dans la premiere litiere. Le ſujet de
leur querelle eſtoit qu'à force de s'eſtre regardées, la plus
jeune auoit enfin dit à ſon aiſ-
née, qu'elle luy paroiſſoit fort
laide ce jour là ; dequoy la
cadette ayant receu un grand
ſoufflet, il s'eſtoit enſuivi le
deſordre, dont la cauſe ſer-
vit de divertiſſement à la
compagnie durant tout le re-
ſte du Pelerinage.

L'intention des complimens
& des civilités eſt ſans doute
de plaire, & de gaigner l'eſprit de ceux à qui on les fait.
C'eſt une maniere d'inſinua-
tion, par laquelle on veut
faire quitter les armes, & dé-
poüiller je ne ſçay quelle
animoſité qu'il ſemble que
tous les hommes ayent les uns
contre les autres ; peut-eſtre à

cauſe de quelque inegalité qui ſe trouve toûjours entre eux, ſoit du côté du corps, ſoit de celuy de l'eſprit, ſoit du côté des honneurs, ou de celuy des biens de la fortune: Et c'eſt la raiſon pourquoy ceux qui ſont du plus bas & du plus haut étage ne ſe font préque jamais de civilités de l'un à l'autre, parce qu'il n'y a point de competence entre eux, ny par conſequent rien à craindre en une ſi grande diſtance qui les ſepare : Jl faut pourtant qu'il y ait de la proportion entre les perſonnes qui ſe font des complimens. Ce n'eſt que parmi ceux qui ſont égaux en quelque ſorte que ce commerce vient principalement en uſage, & ils ont dautant plus à en employer que plus ils s'entrecraignent & se defient les uns des autres.

Les Grands mêmes qui ont de la prudence en doivent user plus que les mediocres; parce qu'ils sont plus exposés à l'envie, & qu'ils sont plus à redouter. Et lors qu'ils sçavent s'abaisser par ce jeu de paroles & de gestes qui les met en quelque façon au niveau de leurs inferieurs, ils joüissent d'eux fort aisement, & cette souplesse est un merveilleux moyen pour avancer leurs affaires. C'est un leurre & une amorce, que attire à peu de frais les personnes dont sans cela on auroit de la peine à venir à bout, & à quoy les ames les plus douces, ou de la plus molle trempe, se laissent prendre infailliblement. Ie ne sçay si la mienne n'est pas des

moins

moins dures , mais je ſçay
bien, que mal-gré les preju-
gés que j'avois contre les excés de Civilités que j'ay receuës quelques fois des perſonnes qualifiées , je n'ay pas
laiſſé de m'y laiſſer tromper fort
ſouvent ; & c'eſt dequoy je
puis groſſir quelque jour le
Livre de mes Confeſſions. Je
voyois bien que le bon Seig-
neur me vouloit abuſer, mais
n'oſant pas luy reſiſter en fa-
ce , & voulant faire comme
luy pour répondre à ſa Civilité, je donnois dans le pan-
neau dont je m'étois bien
apperçû. Cela arrive tous
les jours aux meilleurs eſprits,
s'ils ne ſe ſont accoûtumés à
la ruſe & aux détours qu'il
faut prendre en de telles ren-
contres : Et c'ét un étude par-

ticulier qui eſt abſolument
neceſſaire à Rome, mais dont
on ſe peut paſſer là où l'on
vit avec un peu moins de fi-
neſſe, & ſi je l'oſe dire, avec
un peu moins de malice &
d'inhumanité. Car la gêne
que l'on ſe donne eſt grande, & la vie du Courtiſan
Romain eſt au fond bien pe-
nible, & toûjours moins
agreable, que celle que j'ay
remarquée dans les Cours où
l'on ſe tient moins ſur ſes
gardes, & où l'on épie moins
les actions d'autruy. Mais peut-
eſtre que le Monſeigneur n'a
pas tant de peine que je
penſe, & qu'il eſt tout accoûtumé à cela ; comme ceux
qui voltigent ſur la corde ſont
accoûtumés à la double eſtra-
pade, & aux autres tours

qui font trembler de peur ceux
qui les regardent.

Quoy qu'il en ſoit, Mon-
ſieur, de leur ſoupleſſe & de
leurs poſtures, toutes ces Civilités ne me ſemblent eſtre
que des preliminaires de l'a-
mitié, & pour faire tous ces
caracols, le plus ſouvent on
n'avance guere chemin. C'eſt
que l'Amitié n'eſt pas une ba-
gatelle, un jeu d'enfant, ny
un art de Bâteleur & une im-
poſture. Elle eſt la plus im-
portante acquiſition de la ſo-
cieté civile, & elle ne tend
pas au ſeul but de plaire &
de divertir ceux à qui elle
ſe manifeſte. Quand on aime une perſonne, il ne luy
faut pas ſeulement donner du
plaiſir, il faut auſſi luy faire de l'honneur, & luy ren-

B ij

dre des services ; & comme
c'ét une chose que l'on sçait
naturellement, ceux qui en
demeurent au premier de-
gré n'ont pas une amitié veritable, & se moquent effectivement de ceux ausquels
ils ne presentent que des poupées & des colifichets, au
lieu des vrais honneurs & de
solides services, dont la gloire & l'vtilité leur causeroit
de bien plus sensibles plai-
sirs qu'ils n'en peuvent recevoir des plus beaux complimens, & des plus profon-
des civilités. Ie diray davantage, Monsieur, c'est que l'on
peut offencer ceux que l'on
accable de cette seule denrée,
comme cét Empereur Ro-
main qui étouffa dans les ro-
ses, dont il fit remplir une

chambre, ceux qu'il y avoit invités. Qui n'exerce jamais sa charité qu'en diſtribuant de la petite monnoye, témoigne ſa pauvreté, ou le peu d'eſtime qu'il fait de ceux qu'il veut aſſiſter. Qui n'eſt ami que par ſes reverences & par ſes proteſtations étudiées, ſans en venir jamais aux effets par de ſolides ſervices (ce qui ſe peut faire en cent façons) ne doit point être mis au nombre des vrais amis ; & s'il eſt homme d'eſprit on ne le doit prendre que pour un moqueur. C'eſt à mon avis, de cette ſorte de gens qu'un homme ſage diſoit, je prie Dieu qu'il me garde de mes amis ; car de mes ennemis je m'en donneray de garde. En effet ces ven-

deurs de fumée font dautant
plus à craindre qu'ils s'in-
finuent agreablement. Ils ne
s'approchent de vous le plus
fouvent , & ne vous em-
braffent que pour tâter où
eft le défaut de la cuiraffe,
& pour remarquer l'endroit
où ils pourront vous attein-
dre. Cette fauffe amitié pourtant eft une fauffe monnoye
qui n'eft pas trop difficile à
reconnoître. Mais elle eft
tellement répanduë dans le
commerce des hommes , &
fur tout dans celui de la
Cour , que comme l'on ne
voit préque autre chofe , il
n'y a préque plus moyen de
la rebuter, & mal - gré que
l'on en ait il faut en recevoir,
ou mêmes en donner.

Mais je voudrois bien,Monsieur, qu'elle n'eût pas si grand cours parmi les honnêtes gens & que tout leur temps ne s'employat point à conter & reconter des baïoques, qu'il y eût un peu davantage de grosse monnoye dans le courant, & que sans avoir toûjours une charrette chargée de cuivre apres soy, pour cette petite distribution, on eût de l'or & des pierreries, dont il se fit de plus magnifiques largesses. Sur tout je souhaitterois qu'on ne regalat pas de la même maniere l'honnête homme, & celui que l'on estime beaucoup moins ; les personnes que l'on aime effectivement, & celles qui sont indifferentes. Et que si la coûtume veut indispensablement qu'en pu-

blic on diſtribuë de ce bil-
lon aux uns & aux autres
ſans diſtinction, on fit cou-
ler en ſecret, ou dans un
autre temps quelques bons
offices, qui reparaſſent le défaut de ces frivoles marques
d'amitié. Elles ſont d'ordinaire ſi legeres, d'un ſi mauvais coin, & d'un ſi aigre
ſon, que ſans être fort habile Changeur, on peut bien
les reconnoître. Quand un
homme vous aime du cœur,
& vous eſtime avec juge-
ment, les civilités procedent
de toute autre maniere, que
lors qu'elles naiſſent dans la
bouche, & qu'elles ne font
que ſuivre la cadence à laquelle on eſt accoûtumé. Celles - cy ſe démentent à tout
bout de champ, & tombent

en contradiction. Vn homme
fage qui les confidere de fang
froid découvre cela fort aifément pour peu d'attention
qu'il y porte ; & quand avec
un peu de fcience de la Phy-
fionomie il recueille toutes les
actions de cét ami fait à la
hâte , il trouve le peu de
rapport qu'elles ont , & l'ir-
regularité de tout leur deffein. Je ne m'entends pas
beaucoup à cela ; mais je ne
me fuis guere trompé aux
perfonnes que j'ay un peu
étudiées, & quand je les ay
regardées fixement, & ay été
attentif à tout leur procedé,
j'ay veu ce qu'il y avoit dans
le fond de leur ame ; Je pren-
drois bien plaifir à vous faire ici le caractere , ou du
moins à vous dépeindre le

visage de celui qui ayme, ou
qui estime veritablement une
personne à laquelle il veut
persuader cette estime & cette amitié, & puis à vous faire remarquer le visage de celui qui n'a de ces deux choses qu'une legere teinture,
ou qui ne joüe ces deux rool-
les que mercenairement. En
l'un je vous ferois voir des
mouvemens libres & déga-
gés, & en l'autre des actions
forcées : En l'un de l'unifor-
mité avec quelque espece
d'assurance qui tout negligée
qu'elle est a des graces infi-
nies : En l'autre de la ten-
sion avec un peu de resistan-
ce de la part des esprits qui
marchent à contre-cœur vers
les muscles où ils ont à faire une lâche action. Et cela

fait que le ton de la voix en l'un eſt plus doux , le diſcours plus coulant & moins recherché , les yeux plus fermés , la bouche plus ouverte , les muſcles moins tendus , les mouvemens plus libres , & toute l'action neanmoins plus attachée à ſon ſujet : Tandis qu'en l'autre la voix eſt plus forte, les paroles plus entrecoupées, le diſcours plus étudié , le ſourcil plus élevé , l'œil plus ouvert, les lévres plus preſſées, les jouës plus rondes , & tous les mouvemens des muſcles plus contraints. Mais ce ſont là peut - eſtre des ſpeculations un peu trop Philoſophiques ; & ſans recourir à elles, on a bien d'autres conjectures plus fortes à pren-

dre de toutes les circonstances qui accompagnent les civilités, & les autres actions
qui se rencontrent quelques-
fois à la traverse ; Car elles
se détruisent souvent d'une
maniere à ne laisser pas dou-
ter que le bijou que l'on
vous a donné est une hape-
lourde ; que le compliment
& la reverence ne viennent
point du cœur ny du cer-
veau, mais de la langue &
du bonnet, qui font toute
autre chose que suivre la pensée de leur maître.

La vraye Civilité ne vient
pas de cette crainte mutuelle
qui suspend l'effet des mauvaises intentions, qui a fait
faire alte aux armées prêtes à combattre, & qui arrê-
ta sous le Pontificat d'Vr-
bain

bain VIII. en cette espece de
guerre de Parme , par où il
finit deux partis qui avoient
le pistolet à la main. L'histoire en est assez plaisante,
& elle ne fait peut-estre
pas mal à mon sujet : De
ces deux partis , celui du
Pape estoit de soixante Maî-
tres , & celui de Parme d'en-
viron vingt-cinq. Ils se ren-
contrerent dans un defilé où
il falloit reculer , s'ils ne
vouloient passer fort prés les
uns des autres , ou voir qui
l'emporteroit. Ils s'arrêterent
quelque temps avant que se
connoître , se demanderent
qui Vive , plus d'une fois ; aucun ne voulant se declarer :
Enfin le plus foible ayant
connû que le plus fort bran-
loit , & manquoit de cou-

C

rage , se resolut à répondre
fiérement , *inimici* , & alors
les autres prenant courage
aussi , leur rendirent le salut,
& passerent , disant avec une
profonde reverence , *Servi-*
tori Signori inimici , serviteur
Messieurs les ennemis. Aprés
quoy neantmoins les Parme-
sans qui avoient esté surpris
firent volte-face , & couru-
rent pour charger ces pol-
trons ; mais comme ils étoient
mieux montés qu'eux , ils
n'en pûrent attraper que quelques manteaux rouges , &
quelques pistolets , que la
peur leur fit tomber des
mains. La veritable Civilité
ne vient point de ce lâche
principe. Elle procede de la
tendresse & de la bonté ; Elle est genereuse , & si elle se

relâche un peu, ce n'est que
là où elle trouve de l'orgueil
& de la vanité, dont elle ne
tient pas beaucoup de conte;
se dispensant alors fort aisé-
ment de tout ce que l'ordre
du Monde ne l'oblige point
de faire, & reservant ses
marques d'estime & d'amitié,
pour ceux qu'elle aime &
qu'elle estime veritablement.
Je ne veux pas, Monsieur,
m'étendre plus au long sur
cette matiere, ny rien dire
qui semble reformer les coû-
tumes prudemment établies.
Je n'en blâme aucune, & je
les trouve toutes bonnes dans
les Païs, & parmi les Gens
qui les pratiquent. Il n'y a
qu'un certain excés qui n'est
pas à mon goût. Je ne con-
damne que l'usage que l'on

en fait , non seulement pour
se défendre contre la mé-
chanceté d'un puissant enne-
mi , (ce que la prudence &
les loix de la guerre peuvent
bien permettre) mais pour
attaquer l'innocence qui n'a
aucun mauvais dessein , &
renverser le plus souvent une
personne modeste qui ne son-
ge qu'à passer son chemin ;
comme s'il n'estoit pas assés
large pour tout le monde , &
comme s'il n'y avoit pour
être bon Courtisan de la Cour
qu'à faire une vaste solitude , & à écarter indifferem-
ment tout ce que l'on rencontre ; ce qui étoit de la Politique de celui qui eût bien
voulu couper la tête d'un seul
coup à tout le Genre hu-
main. L'abus donc, & le mau-

vais uſage des complimens,
eſt ce que j'abhorre : mais je
crains , Monſieur , que pour
l'éviter je ne ſois tombé dans
une autre extremité , qui n'eſt
pas moins blâmable. Ie la con-
damne moy - méme & peut-
eſtre que je m'en corrigeray
dans vôtre converſation ; Car
vous gardés dans les complimens une certaine meſure qui
me plaît fort. La prodigalité
des autres me cauſe quelque
indignation ; quoy qu'à pro-
prement parler ce ne ſoit que
des deniers qu'ils répandent,
mais voſtre liberalité me ré-
jouït , car vous donnés des
Médailles d'or avec des bene-
dictions : Vous ſçavez ſervir
vos amis , auſſi - bien que leur
faire des complimens. C'eſt
pourquoy je vous aime & je

vous estime infiniment. Ie
suis,

MONSIEVR,

Vostre tres-humble
& tres-obeïssant,
Serviteur

SORBIERE.

SECOND
DISCOVRS,
DE LA CRITIQVE.

ONSIEVR,

Ie me sçay bon gré de n'a-
voir pas le goût aussi fin que
plusieurs autres, parce que
j'en fais plus souvent bonne
chere ; je suis bien aise aussi de n'avoir pas des oreil-
les delicates, parce que je
me divertis mieux à toute

forte de Musique ; de n'ê-tre pas grand Politique, car j'en suis moins soupçonneux, comme de n'avoir point tant d'esprit, parce que j'en suis moins inquieté ; & de n'être pas si sçavant, parce que j'en suis moins Critique. Je trouve mon conte préque par tout, & ny un lardon mal placé, ny du vin un peu au dessous de la barre, ny une petite dissonance, ny une action extravagante, ny une façon de parler mal propre, ny une mauvaise rime ne m'empêchent pas de goûter les choses qui d'ailleurs meritent quelque loüange. Je pardonnerois volontiers pour dix hommes justes à tout un peuple méchant ; & dans le corps d'un discours je ne prens.

garde principalement qu'au
genie, & à la bonne intention de l'Autheur. Voilà,
Monſieur, où j'en ſuis logé,
& ce qui me fait eſtimer
beaucoup quelques Sonnets
de du Beſſay avec leur *ain-*
çois, leur *moult*, & tout ce
qu'il vous plaira d'y reprendre. I'y trouve plus de ſuc
qu'en une infinité de Poëſies
modernes, où je ne rencontre pas tant de veſtiges du
bon ſens, & où je ne vois
pas ſi bien le Caractere de
l'honnête homme, qui eſt
ce que je cherche dans les
Autheurs. Neanmoins je ne
me trouve pas eſtre du ſentiment de certains beaux eſprits qui n'ayment que les
pointes, & qui n'eſtiment
que la Paromaſie, l'Antithe-

se , & les autres figures de
la Rhetorique ; qui n'ont pas
voyagé bien avant dans les
Sciences ; qui n'ont point
d'autre idée d'un homme de
lettres , que celle de leur
Regent , & qui sous pretex-
te de quelque pureté de langage qu'ils ont étudiée , s'é-
rigent en Censeurs de tous
les écrits des Personnes Do-
ctes , & mettent au rebut
tout ce qu'ils n'entendent
point , sans prendre garde
à autre chose qu'à l'élocu-
tion sur laquelle ils sont bien
aises d'épiloguer. Ces petits
Merciers sont curieux en
peignes de corne , & en dia-
mans d'Alançon ; & parce
qu'ils ne manient guere que
de la petite monnoye , une
piece de quatre pistoles , dont

on peut acheter toute leur boutique, les épouvante, & ils ne se plaisent qu'à recevoir des piéces de cinquante six, car ils ne connoissent que le coin de Varrin, sans regarder à la solidité de la matiere. Vn discours Philosophique pése trop à ces pauvres gens. Montagne & Charron leur semblent de bons réveurs, & ils attendent que l'Abbé Tallement ait achevé sa version pour lire Plutarque. Cependant ils font le procez à tout ce qui tombe entre leurs mains, & qu'on ne leur a pas dit venir du Port Royal, ou sortir de la plume de quelque celebre Academicien : Car ils ne les ont pas tous en égale veneration, & Despreaux leur

a appris à n'épargner pas même ceux de leur espece. Ils tiennent boucherie de Sonnets & d'Epigrammes, & mal - heur à l'Ode & au Madrigal qui tombent sans sauvegarde entre leurs mains. Contre ces sortes de productions, à la bonne - heure qu'ils exercent leur Critique, elles ne sont pas hors de leur portée ou de leur jurisdiction : Mais quand ils osent juger même des discours solides & plus fortement raisonnés, c'est là où il seroit à propos de reprimer leur audace & de leur dire le, *Non sutor ultra crepidam.* Car voyés un peu, je vous prie, s'ils ont bonne grace de juger d'un Discours, où l'on aura expliqué

qué les systemes du Monde,
& raisonné sçavamment sur
cent autres matieres de la
plus haute importance , &
de la plus profonde specula-
tion : Mais en vertu d'un
peu de Politesse de langage
ils veulent mettre le prix à
toutes choses , & Vaugelas
est leur pierre de touche; on
n'a du bon sens , & du merite que suivant que l'on a
obeï en écrivant aux remar-
ques de la langue Françoi-
se. Il y a tel qui s'estime
grand Geographe parce qu'il
sçait bien la Carte du Tendre*, & qui ne croit pas avoir
peu avancé dans l'étude de
la Physique parce qu'il a pû
s'appercevoir que Monsieur
Descartes écrivoit bien en
François. Et ainsi l'on a veu

à Paris que prêque tous ceux
qui se sont picqués de bel esprit & de politesse ont estimé
qu'ils seroient dévenus grands
Politiques & grands Theo-
logiens, dés qu'ils auroient
fort approuvé des Ouvra-
ges ingenieux, où il y a plus
d'élegance que de profonde
Doctrine & de solides rai-
sons. Et ce n'est principalement, qu'à ces Critiques en
langue vulgaire à qui j'en
veux icy, Car j'ay dit ailleurs ce qui me sembloit de
la Critique, & je n'ay pas
beaucoup de chose à ajoû-
ter à ce que j'écrivois il y
a dix ans dans la LXI. &
LXII. de mes réveries. Je
n'y ajoûteray maintenant,
avec vôtre permission, que

deux penſées, dont je ne ſuis pas marry de me ſouvenir.

Un Ecolier qui ſort du College eſt un jeune homme qui croit qu'il n'a plus à apprendre. Un Gentilhomme qui ſort de l'Academie eſt un jeune homme qui croit qu'il ne doit rien ſouffrir ; l'un eſt d'ordinaire fort querelleux, & l'autre eſt fort ſuffiſant. L'un a une fauſſe idée de ſçavoir, & l'autre a une fauſſe idée de l'honneur. Cettui - cy veut toûjours faire des éclairciſſemens, & cét autre ne demande qu'à diſputer, & ne cherchant qu'à reprendre ſou Compagnon, il ſe tient toûjours ſur ſes Ergots bien reſolu de ne rien ap-

prouver, pour peu qu'il trouve à redire. En verité,
Monſieur, il y bien des gens
qui demeurent Ecoliers ou
Academiciens toute leur vie:
Vn mediocre eſprit ne veut
perdre aucune de ſes
ſées ; car il apprehende
s'épuiſer, & pour l'ordinaire
celui qui n'a point de reputation êtablie, & qui ſe ſent
capable d'en aquerir, regar-
de de travers tout ce qui
merite. C'eſt à un petit
Marchand, qui ne vend
qu'en détail, ou à un Banquier, qui ne fait & ne reçoit que de petits paye-
mens, de peſer toutes les
pieces de monnoye qu'on lui
donne. Vn grand Banquier
n'a le loiſir que de peſer les
façs de mille livres, & ne

fait que conter quatre à quatre les écus d'or qu'il reçoit,
sans rebuter que ceux dont
la fausseté est toute manifeste, ou qui ont esté insup-
portablement rognez. Ce
n'est pas que le Negotiant
homme de grandes affaires
ne puisse avoir les qualités
du Changeur & de l'Or-
févre, & qu'il ne sçache connoître le titre & le coin de
ce qu'on lui donne. J'en ay
veu qui en faisant sonner
dans leur main une poignée
de Louis d'argent, sçavoient
dire s'il y en avoit un de
mauvais alois, mais qui ne
vouloient pourtant pas exa-
miner toûjours scrupuleuse-
ment tout ce qui leur étoit
presenté.

Le Rhetoricien & le Ra-

fineur des Diſcours, le Poëte & l'Orateur en ſont l'Or-
févre & le Changeur, le
Philoſophe & le Negotiant.
Il s'attache moins qu'eux à
la politeſſe & ne ſonge qu'au
profit & à l'uſure de ſon trafic, par là il tend à faire de
grandes acquiſitions, afin d'é-
lever toute ſa famille : il n'é-
tudie, n'écrit, ne parle, ou
ne medite que pour ſe rendre plus honnête homme,
plus ami de ſoi-même, plus
ſociable, & plus heureux, &
plus content. Il ſe propoſe
d'enrichir ſon ame de grandes & belles connoiſſances,
de gouverner ſes paſſions ſe-
lon les preceptes de la Morale, & de ſe gouverner dans
le Monde avec toute la prudence que la Philoſophie lui

suggere. Cela le rend moins
Critique dans la conversa-
tion ordinaire où il s'éxerce
un espece de trafic de pensées. Et selon les personnes
ausquelles il a affaire, il reçoit agreablement ce que chacun peut tirer de son esprit
& fournir à ce negoce ; comme le bien avisé Marchand
se contente de la petite monnoye du pauvre homme qui
le paye aussi - bien que des
quadruples du riche Bour-
geois. De sa part aussi il
ne pese que la monnoye qui
a cours dans le païs : Car il
y a des sentimens que le Philosophe doit reserver comme les medailles pour ceux
qui en sont curieux. On ne les
connoit point aux Foires,& on
ne les reçoit point au marché.

D iiij

L'autre pensée qui m'est venuë sur la Critique a esté une comparaison que jay faite en moy-même du Philosophe à un honnête homme qui a Voyagé dans les Pays étrangers, pour en raporter beaucoup de connoissances, d'ont estant de retour dans sa patrie, il se puisse entretenir agreablement avec ses amis. Et du sçavant dans une science particuliere, à un autre honnête homme qui n'a bougé de sa maison, ou qui n'a appris que les intrigues de son voisinage. Ils sont l'un & l'autre loüables, & peuvent passer doucement le reste de leur vie chacun dans ce qu'il a de connoissances. Mais ils ont tous

deux à évi er certains in-
conveniens où ils tomberont
fans doute s'ils ne prennent
garde à la fcience qui leur
eft commune ; & que l'on
doit apprendre chez foy auffi bien qu'ailleurs ; à cette
belle Morale , dis-je , hors
de laquelle il n'y a que de
la barbarie , & dont même
la ferocité eft dautant plus
dangereufe, que plus elle eft
armée. Qui a-t'il de plus
pernicieux dans une petite
Ville qu'un grand Iurifcon-
fulte injufte & chicaneur,
qu'un habile Medecin em-
poifonneur, qu'un grand Pre-
dicateur fans confcience, qu'un
Gentil-homme breteur &
bien à cheval , qui eft or-
gueilleux & temeraire ; qu'un
grand Politique mal inten-

tionné ; qu'un sçavant li-
terateur critique à toute outrance. Le mauvais usage
des bonnes choses rend cet
usage pire , que ne seroit
une malice toute simple ,
aveugle, & desarmée. Il faut
donc soit que l'on s'applique
toute sa vie à vne science,
ou que par un plus grand de-
sir de connoître on fasse des-
courses dans la vaste étenduë
de la Philosophie , ne perdre
jamais de veuë la Morale, &
comme dans un pays étran-
ger , songer toûjours aux
principales affaires de sa maison. Il faut en quelque façon revenir tous les soirs
coucher au logis, & n'oublier
jamais l'étude des mœurs,
quelque application que l'on
ait à d'autres Sciences.

Cependant il arrive fouvent au Philofophe de s'oublier hors de chez foy , & de prendre tant de plaifir aux belles chofes qu'il découvre dans les Païs étrangers , que fes affaires domeftiques en font negligées, que les principales vertus qui doivent être celles qui rendent la vie agreable demeurent incultes ; qu'il en a l'humeur moins douce & moins fociable , & qu'il eft plus amoureux des bagatelles des fciences , que de leurs folides verités , comme les enfans cheriffent plus leurs poupées que leurs meilleurs amis. Il eft bon de fe decraffer quelquefois , & de ne pas demeurer *hifpide* (permettés moy , Monfieur , ce terme

hispide) & peu agreable de sa
personne : mais de se ratisser
si fort le cuir , que l'on ôte
jusques à l'épiderme ; cela
rend un peu trop sensible
aux moindres injures de l'air,
& il n'y a point de danger qu'il
demeure sur la peau quelque
legere incrustation pour la de-
fendre. Il est bon de polir son
esprit jusques à une certaine
mesure ; mais il faut tendre au
devant de sa delicatesse une
certaine humeur gaye & bien-
faisante qui l'empêche de se
formaliser des foiblesses ou des
ignorances , qui sont de l'ap-
panage de nôtre pauvre hu-
manité ; car il n'y a que les
malices noires , que les ca-
lomnies atroces, ou que les
paroles prejudiciables concer-
tées que l'on ne doit point
pardon

Quand on reprend le reste
d'un discours ou d'une action,
ce ne doit être qu'en passant;
& il faut toûjours en fuir l'e-
xamen par ce qu'il y a de bon
& de loüable à remarquer.
C'est le sentiment & la
methode de,

MONSIEVR,

Voître tres-humble
& tres-obeïssant
Serviteur

SORBIERE.

E

TROISIEME DISCOVRS.

Sur ce que l'on dit communé-
ment, que les Hommes ne
changent point.

ONSIEVR,

La Thèse qui fût soûtenuë
en vôtre presence, & que
vous m'avés fait l'honneur de
me proposer pour en avoir
mon sentiment , demande

quelque explication. Ie ne ſçay
ſi elle ne concourt point avec
ce mot de nôtre Horace,

*Naturam expellas furcâ, ta-
men uſque recurret.*

Qu'on ne peut forcer la
Nature , & qu'on a beau la
repouſſer , qu'elle revient
toûjours , & tâche de gaigner
le deſſus. Ou bien avec cet
autre du même Autheur,

*Quo ſemel eſt imbuta re-
cens ſervabit odorem
Teſta diù.*

Qu'un vaiſſeau de terre garde
long temps l'odeur dont il a
eſté imbu lors qu'il étoit
neuf.
Il ſeroit peut-étre neceſſai-

re de sçavoir à quoy c'ét que
l'on a eu égard en faisant cette question ; si l'on a entendu
parler du naturel , ou des
habitudes contractées , des
communes opinions , ou de la
foy divine , ou bien de toutes ces choses ensemble. En
effet cette proposition gene-
rale , *Que les hommes ne changent point* , est fort étenduë,
& je crains qu'elle ne doive
souffrir quelques restrictions
parce que la contraire est aussi receuë , & que l'homme est
communément tenu pour le
plus leger , & le plus volage
de tous les Animaux. Permettés moy donc, Monsieur , d'a-
voir maintenant avecque Vous
une de ces conversations que
nous proposons d'avoir à la
campagne , & que raisonnant

plus profondement sur cette matiere , je mette sur le papier quelques unes de mes pensées.

Ce que l'on nomme l'Instinct aux Bêtes, n'est qu'un certain mouvement dont nous n'apercevons pas la cause , & qui les porte à faire certaines actions,& à se servir de certaines choses par le moyen desquelles elles arrivent à une fin qui nous paroit avoir esté dans leur intention. La découverte que nous faisons de cette fin nous surprend , & nous rend ces actions admirables. Aussi nous n'en devons pas estre moins étonnés , que nous le serions, si nous voyïons plusieurs fléches dans l'air , qui de divers endroits viendroient frapper un méme but, sans que

nous descouvrissions les bras
qui les auroient decochées.
Surquoy, il faut remarquer en
passant, qu'il se peut tirer de
là une preuve convaincante
de la Providence de Dieu,
qui dirige interieurement toutes ces actions, & donne la
premiere impression à tout
ce qui se meut dans le Monde:

Totamque infusa per artus
Mens agitat molem.

Par cet Instinct les Animaux
respirent dés qu'ils sont nés,
cherchent leur nourriture, & se
deffendent avec les armes que
la Nature leur a donnée, sans
jamais se méprendre, ny se
servir d'autres organes que
de ceux qui sont les plus pro-
pres à leur dessein.

Avant que l'Homme se
serve de la Raison, il sem-

blé qu'il agit par les mémes
reſſorts que les Bétes en tout
ce que nous venons de dire,
& que méme il n'a pas ſi tôt
qu'elles le diſcernement de ce
qu'il doit faire ou de ce qu'il
doit éviter. Vous diriés que
Dieu le veut remettre de
bonne heure à la conduite des
lumieres particulieres qui le
doivent éclairer , & qu'ayant
à n'eſtre pas long temps un
Automate tels que ſont les
autres Animaux , il l'abandon-
ne préque dés qu'il eſt né à
ſa propre conduite. Et cela
auſſi eſt une preuve de la No-
bleſſe & de la Spiritualité de
nôtre Ame , qui doit eſtre
immortelle.

Mais la Raiſon n'eſt pas ſi-
tôt préte à nous ſecourir que
les Paſſions. Elles s'élevent les

premieres , & ne font peut-
eftre autre chofe qu'une agitation des efprits , qui ébran-
lent toute la maſſe du corps,
& qui entraînent avecque luy
l'Ame,de laquelle ils troublent
fouuent & renverfent quelques
fois le raifonnement.

Les Paſſions naiſſent en
quelque façon de l'Inſtinct,
& elles ne font pas mauvaifes
quand l'Ame , qui en doit
prendre la direction , les foû-
met à un jufte raifonnement:
mais elles ne font point en
effet raifonnables en leur ori-
gine , & c'ét fans aucun raifonnement que les Bêtes aiment , haïſſent , flattent , ou
fe mettent en colere ; en toutes
ces actions elles ne font rien
moins que cela; parce que ce qui
émane en elles de l'Inſtinct

n'eſt pas comme en nous ſoû-
mis à la Raiſon qui ſe char-
ge de leur conduite. De ſorte
que les Paſſions ſont en l'homme ſur l'horiſon , comme des
vents dont l'Ame eſt par de-
hors, pour ainſi dire , bizar-
rement agitée , tandis que la
Raiſon eſt comme la marée,
dont l'effort eſt interieur , &
uniforme.

Qui ſe conduiroit par elle
ſeule dans tout le cours de
la vie , feroit ſans doute une
heureuſe navigation , mais il
n'avanceroit pas tant que s'il
avoit vent & marée. Et ainſi
l'on peut dire , qu'ayant une
longue courſe à faire , & à
garder beaucoup plus de me-
ſures que les Bêtes , qui ſemblent n'avoir que fort peu de
deſſeins , il eſt neceſſaire pour

viure plus commodement qu'
nous fuivions un peu l'In-
ftinct , que nous donnions
quelque chofe aux paffions, &
que la Raifon aye toûjours
l'œil fur elles , pour leur tenir la bride lors qu'elles s'é-
chappent , ou les redreffer lors
qu'elles fortent du droit chemin. Si elle en eftoit bien la
maîtreffe , ou fi elle voyoit
d'affés loin tous les efcueïls,
de la vie , elle fe ferviroit uti-
lement de ces deux refforts qui
donnent le premier branle à
nôtre machine ; mais parce
que les plus fages ne fçau-
roient découvrir toutes les
circonftances qui rendent nos
actions bonnes ou mauvaifes,
nuifibles ou profitables ; ny
tenir le timon affés ferme contre toute forte de vents , il

est impossible qu'ils n'aillent quelquefois où ils ne vou-droient point aller.

De ces trois premiers Principes de nos Actions, & de leur divers mélange, comme aussi de leurs divers degrez, & d'une infinité de circonstances de la vie civile qui les modifient, il sort une varieté inépuisable d'humeurs & d'esprits, dont la maniere est toute particuliere. Car il faut necessairement qu'on ne tienne pas la méme route les uns que les autres, selon que la disposition naturelle des organes se trouve diverse, selon la diverse education que l'on a receuë, & selon le divers raisonnement que l'on a employé. Surquoy il ne faut pas que je m'étende davantage ; l'exemple qu'il y a dans Plutarque de deux chiens , qui avoient esté nourris l'un à la cuisine , & l'autre à la chasse , faisant bien voir quelle est la force de l'institution , même dans les Automates, tels que sont les Bêtes, & à plus forte raison dans les Hommes , où l'action est libre , & où la mobilité est plus grande. De sorte qu'il n'y a pas tant à s'étonner de l'inconstance des Hommes , que de cette fermeté que la proposition faite en vôtre presence leur attribuë : & sur laquelle je vous diray mon sentiment, puis que vous me le commandez. Mais je vous prie tres - humblement, Monsieur,

de

de vous souvenir que je n'af-
firme rien positivement en
tout cecy , & de me par-
donner tous mes prelimi-
naires.

Ie vous diray donc , Mon-
sieur , que les hommes ne
changent jamais d'Instinct ,
quoy que Mutius Scevola ait
surmonté le plus puissant de
tous ceux de la Nature ,
qui nous enseigne d'éviter la
douleur , & de conserver la
vie ; parce que sans doute
les hommes en ont un tout
particulier pour la gloire &
pour l'immortalité , qui leur
fait estimer plus que la
vie , l'honneur & la reputation.

La perseverance dans les

passions , qui accompagnent souvent jusques à l'extreme vieillesse ceux qui s'y sont abandonnés en leur jeune âge, est aussi un mal - heur dont on ne revient guere sans une assistance de Dieu toute particuliere. On a toûjours dans l'ame les mêmes passions , quoy que leur action soit émousée dans les organes ; & comme l'on dit communément , que celuy qui a joüé joüera, deut - il avoir à ses gages un homme qui mit pour luy les dez dans le cornet , de même que ce Volaverius , qui,

Pro se qui tolleret, atque
Mitteret in pyrgum talos
mercede diurnâ

Conductum pavit.

Il est certain que l'objet
émeut la puissance , & que
les vieilles passions ne sont
jamais si absolument éteintes
qu'elles ne se puissent ral-
lumer , du moins dans le
souvenir de ceux en qui elles
ont esté fort long-temps les
maîtresses. *Vitia nunquam bo-
na fide mitescunt* , dit en
quelque endroit vostre Se-
neque.

Il n'en est pas tout à fait
de même des habitudes ; car
elles s'effacent peu à peu
sans qu'il en demeure des
vestiges , & ainsi l'on ou-
blie les sciences que l'on a
apprises , lors que l'on n'a
pas eu pour elles beaucoup

d'affection ; comme auſſi l'on
perd aiſément l'uſage des
Arts & des Langues , ſur
tout quand on les a negli-
gemment exercées, & quand
l'amour que l'on a pour elles
ne les a pas aſſés profondement imprimées dans la memoire , ny pouſſées vers les
organes qui les doivent employer. Neantmoins il n'eſt
pas impoſſible de les rattrap-
per, & il eſt vray qu'il demeure toûjours quelque diſ-
poſition quand on veut s'y
remettre.

Les opinions ſont tout à
fait de la juriſdiction du Rai-
ſonnement, & il ſemble que
ce ſont des tentures fort
minces & diaphanes, au travers leſquelles l'ame conſi-

dere tous les objets qui se
presentent à elle, & d'où
elle emprunte les couleurs
qu'elle leur donne. Ie ne
range pas parmi les opinions
les sentimens que l'instinct
& les passions donnent pour
certaines choses naturelles
qui se trouvent les mêmes
par tout, & pour lesquel-
les les gouts ny les pre-
occupations ne sont point
differentes. Ainsi que la
douleur, la disette, & tout
ce qui y aboutit immedia-
tement soient des maux, je
ne croy pas que personne
en doute, & les Saints ne
les ont pas autrement con-
siderés, si ce n'est en veuë
d'un bien surnaturel, & par
des lumieres de la grace,
ausquelles le raisonnement

humain ne peut pas at-
teindre. Mais que le dé-
faut de quelques tiltres,
la privation du superflu,
& telles autres choſes que
nous avons inventées ſans
une abſoluë neceſſité, ſoient
un mal veritable, c'eſt ce
que l'on ne doit pas aſſeu-
rer ; & je croy que l'on
peut aiſément changer d'o-
pinion là - deſſus. On change auſſi facilement d'opinion en la recherche des
cauſes inconnuës dont on
ne void pas les effets,
ſuivant que celles que l'on
rencontre ont plus ou moins
de vray - ſemblance. Et il
faudroit icy que je vous
diſſe, Monſieur, tout ce
que j'ay eſcrit en mes
Diſcours de l'An 59. &

que vous trouverez en la
page six cens nonante quatre , & sept cens un , s'il
vous plaît de voir le premier Volume de mes let-
tres , ou pluſtot de mes
Diſſertations. Mais il ſuffit de
vous dire , que l'on doit tenir pour plus vray - ſem-
blable ce qui ſatisfait à un
plus grand nombre de diffi-
cultez , & ce qui répond à
plus d'apparences.

On ne change point de
ſentiment ſur ce que l'on
ne connoît prêque point ,
ou que l'on ne conſidere
jamais avec aſſez de diſ-
cernement. Et ainſi le Peuple , qui ſemble eſtre naturellement de l'opinion de
Ptolomée touchant le ſyſte-

me du Monde , ne peut pas devenir Copernicien ; ne fe mettant point en peine de fçavoir quel peut eftre le mouvement des Aftres.

Dans les matieres fur-naturelles , où les plus grands Docteurs font pour le moins auffi aveugles que le vulgaire dans l'Aftrono-mie , on ne découvre la Verité que par une lumie-re extraordinaire ; & ain-fi il ne faut pas s'éton-ner , fi hors du fecours de la Grace , les plus fçavans hommes demeurent dans l'aveuglement de leur Se-cte , fi Dieu ne les en retire ; ou fi en eftant for-tis par fon affiftance , ils y retombent lors qu'il cef-

se de les soûtenir. Mais
quand il y met la main
ils peuvent changer sans
doute, aussi-bien que ceux
qui par ce même secours re-
noncent à leurs passions &
embrassent une vie austere
& Religieuse. Car c'est de
tous ces changemens dont
il pouvoit estre question lors
que l'on a recherché en vôtre presence, s'il êtoit
vray que l'on ne changeoit
point.

Mais de tous les Prin-
cipes dont je viens de
parler resulte sans doute
ce que l'on nomme l'hu-
meur des personnes ; qui
est bonne ou mauvaise,
selon qu'elle est plus ou
moins raisonnable : Car

selon qu'il entre plus ou moins de vices ou de passions dans toute la conduite de la vie, on peut dire d'une personne, qu'elle est d'humeur douce, ou qu'elle est sujette à la colere, qu'elle est avare ou liberale, timide ou magnanime. Du mélange des vices & des vertus, des mauvaises habitudes & des passions (& tout cela en divers degrés) il se fait une infinité des Temperament, qui donnent à châque personne une humeur toute particuliere. C'est ce qui ne change point en nous apres un certain temps, quoy que cela s'altere incessamment, & que nous ne soyons jamais d'une même teneur, avares ou liberaux, vaillans ou timides, bons ou mauvais: Car à bien prendre garde aux actions d'une personne, il n'y en a gueres en qui il ne paroisse un peu de tout cela en moins de vingt quatre heures. Jl est vray que parmi cette bigarrure de couleurs, il y en a toûjours une qui domine, & d'où l'on peut asseurer, qu'apres un certain âge les hommes ne changent point.

Ie m'en rapporte, Monsieur, à ce qui fût conclu, & jusques à ce que vous m'ayés fait la grace de me l'apprendre

je demeure dans ma Scep-
tique.

Monsieur,

Voſtre tres-humble
& tres-obeiſſant
Serviteur

SORBIERE.

QVA

QVATRIE'ME
DISCOVRS.

DE LA SOLITVDE.

ONSIEVR,

Il y a quelque temps
que vous me demandiés,
quelle estime je faisois de
la Solitude. Je pouvois vous
répondre sur le champ,
que je la cheris, & que

G

je ne suis pas mal avec
elle. Car ce n'est pas d'aujourd'huy que je la
considere & que j'en re-
çois de bons offices. Mais
j'ay mieux aymé m'entre-
tenir auparavant un peu
avec elle. Je viens donc de
l'entendre dans mon cabinet,
& voicy le jugement que
j'en fais apres l'avoir dere-
chef attentivement conside-
rée.

Ie l'ayme, Monsieur,
& je la trouve necessaire
à un homme d'esprit pour
recueillir ses pensées, &
pour les bien arranger :
mais je ne veux pas que
l'usage en soit plus long
qu'il ne le faut pour ce

trauail. Ie suis bien aise
de me tirer de la solitude
dés que la meditation me
lasse , ou dés que je re-
marque qu'elle va dege-
nerer en réverie. La veuë
du monde m'est absolument
necessaire pour me delasser
de la trop forte applica-
tion ; & j'ouvre volontiers
les yeux à de nouveaux
objets , dont le changement
me recrée la veuë , & fournit de nouvelle matiere à
mes raisonnemens. Je m'é-
puise sur un sujet que je
tiens long temps present à
mon imagination , & apres
que j'ay tourné plusieurs
fois tout à l'entour , & que
je l'ay regardé de tous côtés,
& de divers éloignemens,

je sens que je retourne sur
mes·pas, & que je reviens
à mes premieres idées. Ie
m'imagine que les autres
en font de même, & que
la plûpart du monde se
lasse comme moy à cet
exercice, s'embarrasse, ou
cesse de penser, & s'endort
enfin sur sa besongne. Il me
semble que je l'ay fort souvent éprouvé, & que j'ay
passé quelquefois plusieurs
momens dans la solitude où
je ne pensois à rien, encore que j'eusse les yeux
ouverts, & que je songeasse un peu auparavant à une
chose qui me tenoit bien
au cœur. Ie ne sçay point
précisement ce qui arrive
aux autres, mais je vous

puis affeurer, que je pen-
fe beaucoup plus dans
la ville qu'à la campag-
ne.

Ie vous dirois en cet
endroit ce qui fait la pen-
fée , & fur deux ou trois
principes de ma Phyfique
je vous ferois aifément com-
prendre , que le mouve-
ment des corps en eft la
caufe ; qu'ils frappent les
membranes du cerveau ;
qu'ils rencontrent du fang,
des humeurs , & des efprits;
& que le divers tour qu'ils
leur font prendre eft peut-
eftre ce qu'on vous a nom-
mé en Navarre les efpeces
intentionnelles. Mais vous
ne voulés pas , Monfieur ,

que je m'engage ſi avant,
& il ſuffit que je vous faſ-
ſe remarquer en paſſant pour
ce qui eſt des cauſes phy-
ſiques de la penſée , que
l'on ſe promene volontiers,
& à grands pas , lors que
l'on ſonge profondement à
quelque choſe , & que les
images ſont émeuës par cette
agitation. D'où je conclus
qu'il faut du mouvement
corporel pour ſecourir la
penſée , & par conſequent
que la compagnie fournit
plus dequoy penſer , que
la ſolitude , où il y a plus
de repos. Je ne dis pas que
l'on y penſe plus nette-
ment ſur un certain ſujet
que l'on prendroit à tâche
de finir. Mais qu'il s'y fait

bien plus grand nombre d'e-
bauches , aufquelles il faut
retoucher lors que l'on eft
feul. Ie m'allegueray dere-
chef pour exemple , & je
vous diray , que dans les
ruës, ou dans les plus grandes affemblées , je raifonne
inceffamment , & qu'il me
paffe dans l'efprit une infinité d'idées qui font de di-
verfe fabrique , & que parmi celles qui me reftent je
choifis dans mon cabinet
celles qui m'accommodent.
Cela fait que j'écris affés
facilement fur quelque fu-
jet que ce foit ; car il y
en a fort peu qui n'ayent
paffé par mes mains , &
fur qui je n'aye des pen-
fées toutes prêtes. Ceux

G iiij

qui n'ont pas fi fort rempli leur magafin, ou qui n'y ont mis que des chofes fort peu confiderables, ne peuvent avoir guere de divertiffement, ny retirer guere de profit de la folitude. Ils y font comme dans un evanouiffement, ou dans un profond fommeil. Et fi cet état, eft un état loüable & digne d'êftre recherché, je m'en rapporte, & je ne vois pas (je l'advoüe) en quoy il differe d'une totale infenfibilité, fi ce n'eft en la durée. Mais permettés moy, Monfieur, de pouffer un peu plus avant cette matiere, puis que je m'en fuis déja expliqué au de là de mon premier deffein.

Il ne se fait aucune chose
de rien , & tout ce qui est
dans l'entendement a esté
dans les sens. La solitude
diminuë le nombre des especes , & affoiblit celles que
l'on a déja receuës; de sorte qu'elle tend autant à la
sterilité des pensées que la
frequentation du monde sert
à en acquerir de nouvelles,
& à fortifier celles que l'on
a acquises. Cela est si vray,
que nous éprouvons une al-
teration tres-sensible des ima-
ges que nous avions dans
l'ame quelque fortement qu'elles y fussent empreintes , lors-
que nous demeurons long-
temps sans les revoir. Il
semble qu'il en prend aux
especes qui sont dans le cer-

veau comme à ces cercles
que la cheute d'une pierre
décrit dans l'eau, & qui se
dissipent en s'éloignant de
leur centre ; ou comme à
la voix, qui de loin n'a plus
la même force, & qui se
perd enfin à une certaine
distance. Nous n'envisageons
prêque jamais une même
chose par la pensée, sans
que nous n'y mêlions quelque trait du nôtre ; & il
se trouve enfin que la pein-
ture que nous en faisons
n'est plus celle que l'objet
avoit formée. Iugez par là,
Monsieur, ce que c'est que
l'histoire, dont les images
que les Autheurs nous donnent ne font le plus sou-
vent que de tres - mé-

chantes copies , ou des crayons faits de memoire, & qui n'ont jamais esté dessig-nés sur les lieux ; puis que dans les idées que nous avons de la premiere main , & que nous manions directement, il arrive une si étrange alte-ration. Il est donc manifeste, que pour bien penser à quel-que chose il est bon de la revoir à plusieurs reprises, d'en rafraîchir la memoire, & d'en renouveller les ima-ges ; ce qui n'arrive point dans la solitude , où tout au contraire les idées s'effaçent, ou se confondent , & par ce mélange elles forment insen-siblement des chimeres qui trompent nostre raison. En effet , dans une agitation de

l'esprit trop long - temps con-
tinuée il se peut faire que l'on
broye trop menu des espe-
ces qu'il valoit mieux laisser
entieres , & que l'on fait de
leur débris des assemblages,
qui ne sont plus conformes à
ceux du déhors que l'on doit
representer.

Mais peut-être , Mon-
sieur, que vous desirés que
je parle de la Solitude en
Philosophe Moral , & que
vous attendés que je la louë à
cause de l'innocence qui y
rencontre bien moins d'oc-
casions de se corrompre, que
dans les villes , & dans le
commerce du Monde. Ie vous
avouë qu'on ne peut pas y
faire tant de mal ; mais aussi

on

on ne peut pas y faire tant
de bien : Et vous m'avouërés
qu'il y a bien moins de courage à se mettre à couvert, &
à se retirer des dangers, qu'à
les affronter. Celui qui ne
combat point ne sera jamais
vaincu ; mais aussi il ne rem-
portera jamais de victoire.
Dailleurs que deviendra la so-
cieté civile si chacun recherche la solitude ? Ne se dis-
soudra-t'elle pas à mesure
que chacun se separera pour
vivre solitairement ? La solitude donc est un commencement
de desunion, & qui l'em-
brasse au delà de ce qu'il en
faut prendre pour faire une
modeste retraite, & estre tout
à soy pendant quelque temps,
est en bonne Politique moins

H

fociable, moins propre à obeïr
& à commander, & plus fa-
rouche, que celui qui fe plaît
dans le monde, qui ne fon-
ge qu'à y bien faire le per-
fonnage que la Providence de
Dieu lui a donné, & qui demeure ferme dans fa ftation
nonobftant les défauts qu'il y
rencontre, & qu'il tâche de
corriger. Ie raifonne icy en
Politique : car je ne touche
point à la Theologie, qui bâ-
tit fur d'autres principes que
ne font ceux des Legiflateurs;
& fur lefquels il y a de tres
fages & pieufes Societés qui
vivent dans la folitude. Mais
ceux qui ne font pas appel-
lés à la vie Monaftique, &
fur tout les Grands, qui ne
vivent pas pour eux feuls, &

qui sont comme des Soleils,
qui ont à partager leur lu-
miere & leur chaleur dans le
monde qu'ils éclairent, ne doivent pas se renfermer, ny s'é-
carter fort loin de la foule
qui les accompagne, & che-
rit une chose qui est tout à
fait opposée à ce qui nous
a tiré des bois & à ce qui
nous a reünis : Car ce qui
nous a fait approcher les uns
des autres a esté l'esperance
que nous avons euë de passer
la vie ensemble plus commodement que nous ne ferions
dans la solitude.

Mais c'en est assés dit
pour une fois. Ie ne veux pas
vous ennuyer en vous écrivant tout ce que je pense. Si
H ij

mon difcours êtoit fi éten-
du qu'il me tint long-temps
dans la folitude où je fuis
maintenant , & fi j'étois fi
heureux que de ne vous pas
déplaire nonobftant ma diffu-
fion, cela tourneroit à la loüange d'une chofe dont je n'ap-
prouve point un ufage immo-
deré. Ie n'aime que cette folitude dans laquelle les perfonnes d'efprit fe renferment
pour avoir quelque converfa-
tion avec eux-mêmes , avant
que retourner à celle des autres & rentrer en faction felon
le rang qu'ils tiennent dans la
focieté civile. Ie ne cherche
que cette folitude qui a fait
dire à Scipion qu'il n'êtoit jamais moins feul , que lors qu'il
eftoit feul , & dans laquelle

je me donne bien souvent la Comedie. Ie vous en feray part quand il vous plaira, & lors que nous reprendrons le ferieux je vous feray avoüer que pour former la vie d'un honnête homme qui eft dans le monde, il ne faut pas y employer trop de meditation, mais qu'il faut mêler les bonnes actions aux honnêtes divertiffemens.

De tout cela nous nous entretiendrons à loifir dans vôtre Hoftel, ou dans ma cellule, fi vous n'aimez mieux que ce foit au Cours & dans vôtre carroffe. Ie ne puis pas dire en mon petit logement, *Atria fervantem poftico falle clientem*, que vous

veniés par la porte de derriere,
lors que je vous attendray dans
mon veſtibule ; & je vous défie
de me ſurprendre. Mais vous
y pourriés venir à telle heure
que vous trouveriés des perſonnes qui approchent fort des
Plutarques, des Ariſtotes, &
des Cicerons. Et même quel-
ques-fois des Braves & des
Vaillants : Ceux de cét ordre
ne ſe déplaiſent pas parmi les
Orateurs & les Philoſophes,
qui me font l'honneur de me
viſiter. Ie ſuis,

MONSIEVR,

Voſtre tres-humble
& tres-obeïſſant
Serviteur

SORBIERE

IN OBITVM
SAMVELIS SORBERII
ODE.

Non te sinemus, Optime SORBERI,
Non te sinemus carpere lividas
  Obliviones, ô diserti
    Delicium SAMUEL *Lycei!*

Politioris Gloria Seculi,
Ac literati Flos & Honor Chori,
  Amor Camænarum, Thalia
    Bassolum, Decus omne Pindi :

Tecum recordor, condidimus dies,
Et noctilucas, heu nimiùm breves !
  Tantis inexhaustus scatebas
    Illecebris, tenerisque nostrum

Devinciebas pectus amoribus,
Vos Hemicycli testor, & Exedræ !
  Sententiarum quale pondus !
    Quæ Latiæ decora alta linguæ !

Quàm larga fandi Copia! quis Nitor!
Quis Candor! ô quæ Simplicitas comes!
Saléſque puri! nulla nubes,
Nulla ſupercilij crepido:

Pitho labellis & Venus Attica
Caſtis ſedebat, ingenuos Pudor
Mores adornabat, Fidéſque
Digna Sopho, Pietáſque Ménſque

Infracta, Fatis altior omnibus
Edocta præter flagitium nihil
Pavere, labentiſque Mundi
Diſcidium ſcapulis ſubire,

Haud vana jacto, Collibus annuit
Hîc Roma ſeptem, me rutilantium
Auguſta circunſtant Mitrarum,
Me Trabea, Petaſique; mille

Mille eloquuntur munera Principum
Congratulantûm, mille manus ſacris
Blandùm renidentes Smaragdis
Mille apices, & Epiſtolarum

Trans vaſta Ponti marmora mutuæ
Uices, & alto de Capitolio
Denſi favores, quos premebas
Scriniolo nimis ah modeſtus!

Parúmque Fama follicitus tua!
Erumpe tandem de latebris Honos,
    Erumpe, nec tantum perire,
        Nate, finas Decus, hoc Parenti.

Debes, futuris hoc quoque Seculis;
Nunc nunc papyri virginis aquore
    Loquax maritetur Metallum,
        Æs Sofiis mereat Volumen.

Sciant Nepotes queis fpoliis ovat
Iam Roma, tantum qua gremio Virum
    Optavit olim, quale Diti
        De Stygio tulerit Tropaum,

Non ille Vulgi conditionibus
Inftar natantis, qui folidum nihil
    Crepat, Gebennenfem remifit
        Infcius, inftabilifque Settam;

Sed Caftra prudens impia deferit,
Et Vaticanas Transfuga nobilis,
    Pulchréque fallax ambit Arces,
        Romulidúmque Fidem capeffit:

Vellunt Ceraftas Eumenides fuos,
Irrugit Orcus, intumuit vadis
    Cocytus imis, contribules
        Vindicias vlulant BATAVI.

Frustrà reclamant: SORBERIUS *meus*
Metata quondam Sidera possidet,
Mensáque Cœlestûm recumbens
Purpureo bibit ore Nectar.

Lugubrè canebat ex tempore mense
Maio 1670.

IACOBVS DE LA FOSSE,
Congreg. Million. Parif.

F I N.

www.ingramcontent.com/pod-product-compliance
Lightning Source LLC
LaVergne TN
LVHW021745170726
843503LV00004B/1737